Werner Färber

Geschichten vom kleinen Polizisten

Jllustrationen von Don-Oliver Matthies

Loewe

Deutsche Bibliothek – CJP-Einheitsaufnahme

Geschichten vom kleinen Polizisten / Werner Färber.
Jll. von Don-Oliver Matthies
– 1. Aufl. – Bindlach : Loewe, 1996
(Lirum Larum Lesemaus)
JSBN 3-7855-2930-9
NE: Färber, Werner; Matthies, Don-Oliver

Dieses Buch ist auf chlorfrei gebleichtem Papier gedruckt.

JSBN 3-7855-2930-9 – 1. Auflage 1996

Umschlagzeichnung: Don-Oliver Matthies
Satz: Leingärtner, Nabburg
Gesamtherstellung: New Jnterlitho S.P.A.
Printed in Jtaly

Jnhalt

Jetzt aber los	8
Seltsamer Unfall	13
Kalle paßt auf	22
Gestörte Mittagspause	30
Kalles großer Auftritt	39
Ein Raser auf Rollschuhen	47

Jetzt aber los

Kalle hat es sehr eilig. Er schließt das  an seinem  auf. Er setzt seinen  auf und will losfahren. Aber ein 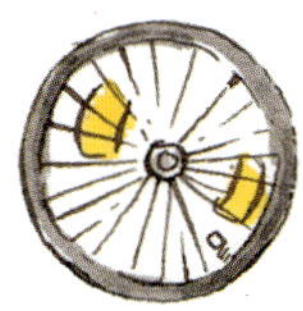 ist fast platt. Kalle nimmt die  und pumpt das 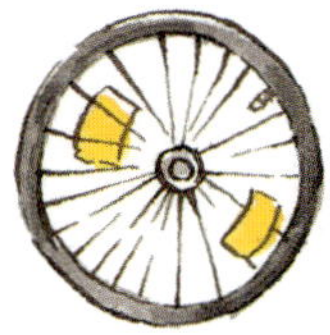 wieder auf. Er schwingt sich in den .

Jetzt aber los. Kalle tritt kräftig in

die  . Vor einem großen 

hält er an. Kalle lehnt sein 

an den  und schließt es ab.

Vor dem großen  stehen

viele  . Eines davon

wird von Kalle gefahren. Kalle

ist nämlich  . Die anderen

 sind alle schon fertig.

Kalle muß sich noch umziehen.

Schnell schlüpft er in sein 

und in seine . Dann streift

sich der kleine  seine 

über. Er bindet die  um und

macht die  am  fest.

Zuletzt steckt er die  ein und

setzt die  auf. Kalle sieht auf

die . Geschafft! Er ist gerade

noch rechtzeitig fertig geworden.

Seltsamer Unfall

Der kleine  Kalle steigt in

sein . Es heißt Paula 7.

Neben Kalle sitzt noch ein .

Das ist Gustav. Gustav bedient

das 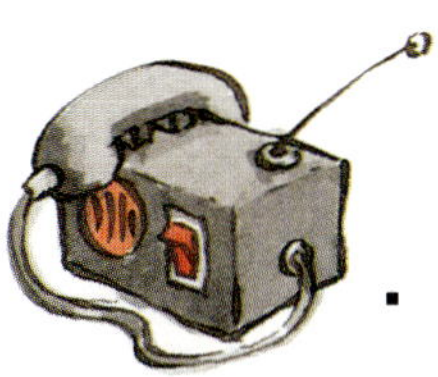. Er nimmt den .

„Paula 7 ist jetzt einsatzbereit“,

meldet der große .

POLIZEI

„Verstanden, Paula 7“, tönt es aus dem . „Fahrt bitte sofort zur . Dort hat es einen  gegeben.“ „Paula 7 hat verstanden“, sagt Gustav. Der kleine  schaltet das  ein. So schnell wie möglich fährt er zur . „Paß auf, Kalle, die  schaltet auf Rot“, sagt der große .

Kalle fährt ganz langsam an

die  heran. Er schaut

nach links, er schaut nach rechts.

Alle anderen  warten.

Auch das schnelle  hält an.

Noch einmal abbiegen, und schon

ist Paula 7 vor der . Dort

stehen ein  und eine 

neben zwei kaputten .

Niemand ist verletzt. Aber wer hat

den  verursacht? Gustav

nimmt den  und macht

ein . Kalle klappt sein 

auf und fragt, was passiert ist.

„Jch habe das  übersehen“,

sagt der  . „Jch glaube, ich

war viel zu schnell“, sagt die  .

Kalle kratzt sich mit dem 

hinter dem 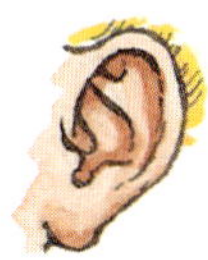 . Seltsamer  .

Beide wollen schuldig sein.

„Können wir nicht alles bei 

und  besprechen?“ fragt

der  . Die  nickt: „Wenn

die  einverstanden sind.“

Wenn nicht gestritten wird, sind

die  immer einverstanden.

Sie warten noch auf den .

Dann fahren Kalle und Gustav in

ihrem  davon.

Kalle paßt auf

Heute ist der kleine  allein unterwegs. Er geht durch die  und hält aufmerksam die  offen. Gestern wurde einer  der 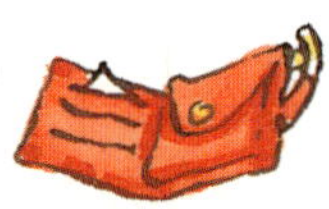 gestohlen. Später fand man den 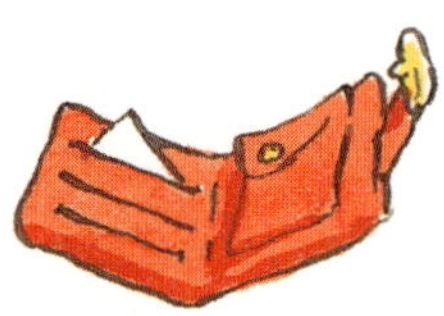 in einer  . Alles  war verschwunden.

Wenn ein  unterwegs ist,

traut sich keiner, etwas zu stehlen.

Plötzlich sieht Kalle einen ,

der ihm verdächtig vorkommt.

Der kleine  versteckt sich

hinter einem  . Der 

hat einen grauen  an

und trägt eine dunkle 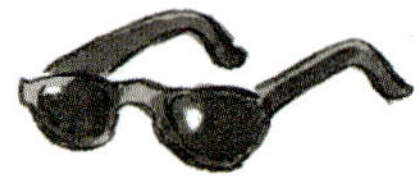 .

Jn der 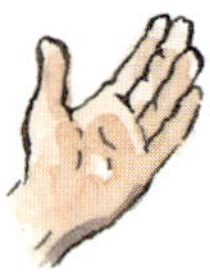 hält er einen  .

Der  sieht sich vorsichtig um.

Er nähert sich einem  . Kalle

zögert. Der  verhält sich sehr

seltsam. Soll er ihn festnehmen?

Einbahnstraße
ZIRKUS

Der kleine  wartet noch.

Er bleibt hinter dem  und

beobachtet weiter. Der 

bricht mit dem  das 

auf. Jetzt muß Kalle eingreifen.

Er tritt dem  entgegen. „Halt,

stehenbleiben. Sie sind verhaftet!“

ruft der kleine . Der 

zuckt erschrocken zusammen.

Dann kommt noch ein  dazu.

Er trägt eine . Hinter ihm

steht eine junge . Sie hält

ein großes  in der 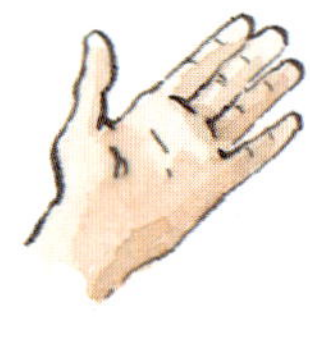.

Da hat sich Kalle wohl geirrt.

Hier wird kein  gestohlen.

Hier wird nur ein  gedreht.

Aber der  mit der 

ist sehr zufrieden. Kalle hat

den  gut gespielt.

Bald kommt Kalle im .

Gestörte Mittagspause

Wenn Kalle hungrig ist, geht er am liebsten zum  am .

Dort gibt es die besten  auf der ganzen . Heute ist der kleine  besonders hungrig.

Er bestellt sich  rot-weiß und eine knusprig gebratene .

Er stellt seinen vollen 

auf einen freien . Weil es

in der  sehr warm ist,

spannt Kalle den  auf.

Der kleine  will gerade

in seine  beißen, da hält

auf der  quietschend

ein 

. Kalle springt auf.

Der kleine  läuft zur  .

Eine  mit acht  ist direkt

vor den 

gewatschelt.

„Sie kommen wie gerufen“, sagt

der , der den 

fährt,

zum kleinen . „Können

Sie bitte die  verhaften?“

Kalle lacht. „Jch fürchte, die 

sind zu groß“, antwortet er.

Aber irgend etwas muß Kalle

unternehmen. Jmmer mehr 

stauen sich auf der .

Die  flattert mit den 

und stellt sich schützend vor

ihre . Kalle versucht, die 

zu verscheuchen. Sie hackt mit

dem  nach Kalles .

Doch dann dreht sie sich plötzlich

um und geht mit ihren 

weiter. Durch das hohe 

watschelt die  zum 

hinunter und schwimmt davon.

Kalle geht an seinen  zurück.

Die  und die  sind kalt

geworden. Trotzdem schmecken

sie dem kleinen  immer

noch ganz ausgezeichnet.

Kalles großer Auftritt

Kalle geht in den 

.

Der kleine  hat heute frei.

Deshalb trägt er auch keine  .

Kalle kauft sich eine 

.

Er möchte ganz vorne sitzen.

Dort kann er am besten sehen,

was in der  passiert.

Erst kommen die  .

Danach sind die  dran.

Sie können  fahren und

sehen sehr lustig aus. Aber

der  ist noch viel lustiger.

Für den  muß der große 

aufgebaut werden. Dann betritt

der  die .

Direkt hinter ihm kommt der .

Plötzlich geht knallend eine 

kaputt. Der  erschrickt. Er wird

wild und brüllt. Der  will

ihn beruhigen. Der  faucht

immer wütender. Vorsichtig geht

der  rückwärts. Er will

den  verlassen. Er stolpert

und fällt hin. Jm 

ist es ganz

still. Nur der  ist zu hören.

Da sieht Kalle das , das

am  lehnt. Es ist kein richtiges

. Man kann damit eine 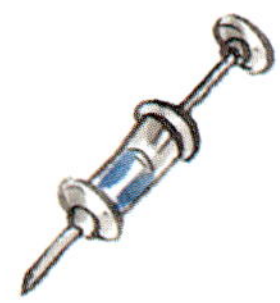

abfeuern, die den  betäubt.

Kalle springt vom  auf.

Er nimmt das  und zielt

sorgfältig. Der kleine  drückt

ab. Der  brüllt laut. Dann legt

er sich langsam hin und schläft ein.

Alle atmen erleichtert auf. Morgen

wird es in der 

stehen:

 rettet  !

Ein Raser auf Rollschuhen

Ein  führt ihren  spazieren. Der  zerrt an der . Der kleine  bleibt stehen und schaut den beiden zu.

Der  schnuppert an einer . Er läuft zweimal um die 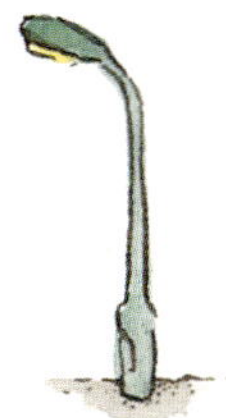 herum und verwickelt die .

Der kleine  findet das lustig.

Das  befreit den  und

geht weiter. Dann schaut sie sich

um. Sie will über die  .

Wenn sie nach links geht, kann sie

den  benutzen. Geht sie

nach rechts, kommt sie an eine  .

Hoffentlich läuft sie nicht einfach

hinter dem  über die  .

Nein, sie geht zurück zur 

und wartet, bis es grün wird. „Gut

gemacht!“ ruft der kleine  .

Plötzlich rast ein  auf 

an Kalle vorbei. „Etwas langsamer

bitte!“ ruft der kleine . Beinahe

fährt der  einen  um.

Dann überquert er die 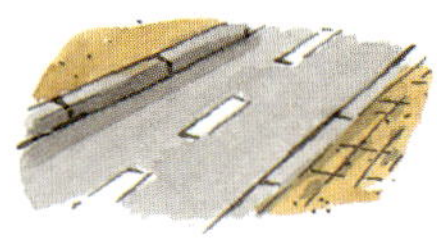 ,

obwohl die 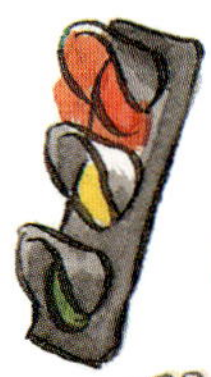 noch rot ist.

Er streift eine  , stolpert und fällt

hin. Die  läßt die 

fallen.

Auf der  liegen  und

 ,  und  .

Hastig steht der  wieder

auf und will einfach weiterfahren.

Aber der kleine  hält ihn fest. Er zieht sein  heraus. Kalle fragt den , wie er heißt und wo er wohnt.

Wenn der  der  geholfen

hätte, alles wieder in die 

zu packen, hätte der kleine 

ihn vielleicht laufenlassen. Aber

erst rücksichtslos rasen und dann

abhauen findet Kalle nicht richtig.

Die Wörter zu den Bildern:

Schloß

Fahrrad

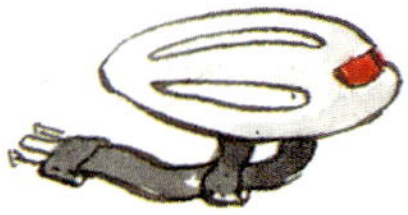
Helm

Rad

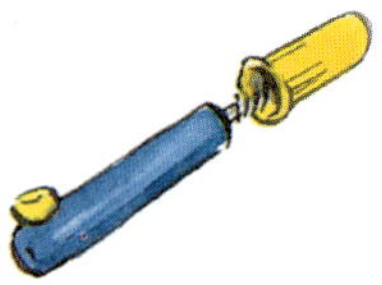
Luftpumpe

Sattel

Pedale

Haus

Zaun

Polizeiautos

Polizist

Hemd

Hose

Jacke

Krawatte

Handschellen

Gürtel

Pistole

Mütze

Uhr

Funkgerät

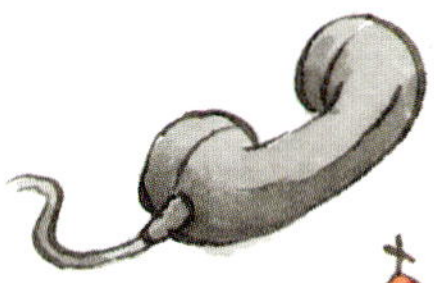

Hörer

Kirche

Unfall

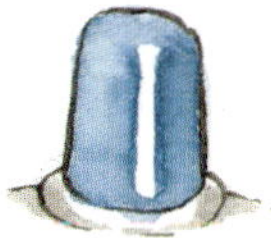

Blaulicht

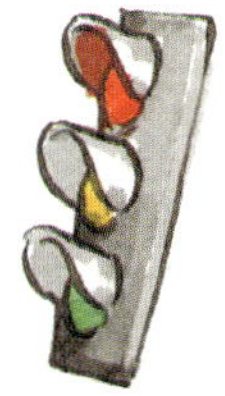

Ampel

Kreuzung

Autos

Motorrad

Mann

Frau

Fotoapparat

Foto

Notizbuch

Verkehrs-
schild

Bleistift

Ohr

Kaffee

Kuchen

Abschlepp-
wagen

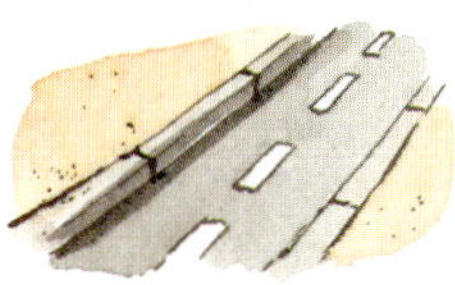

Straße

Augen

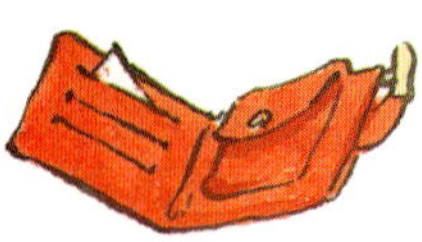

Geldbeutel

Mülltonne

Geld

Baum

Mantel

Sonnenbrille

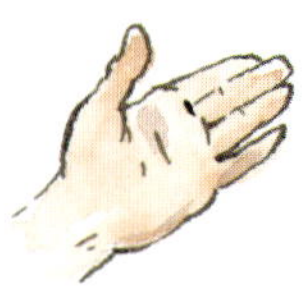

Hand

Schrauben-
zieher

Kamera

Mikrofon

Film

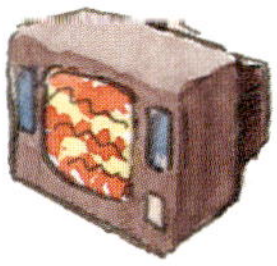
Fernsehen

Kiosk

See

Pommes

Welt

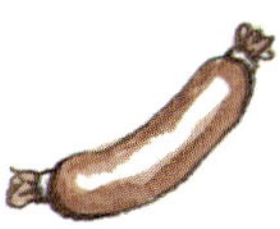
Wurst

Teller

Tisch

Sonne

Sonnenschirm

Lastwagen

Ente

Küken

Flügel

Schnabel

Schuh

Gras

Zirkus

Uniform

Eintrittskarte

Manege

Elefanten

Affen

Roller

Clown

Tiger

Käfig

Dompteur

Glühbirne

Gewehr

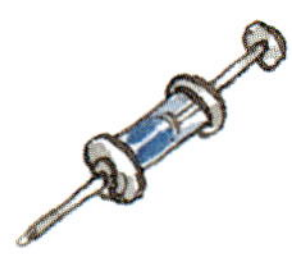

Spritze

Stuhl

Zeitung

Mädchen

Hund

Leine

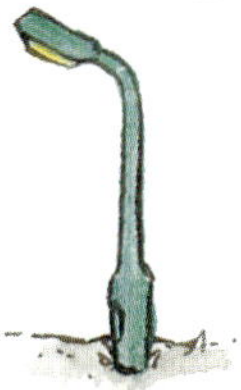

Laterne

Zebrastreifen

Bus

Rollschuhe

Kinderwagen

Tasche

Äpfel

Brot

Kartoffeln

Möhren